कविता जिंदगी की

पार्थिव बोरा

उन आत्मीय आत्माओं के लिए जो इन छंदों में सांत्वना पाते हैं, जिनके दिल मेरे शब्दों की लय के साथ प्रतिध्वनित होते हैं। आप, मेरे पाठक, वे नक्षत्र हैं जो मेरी कल्पना के रात्रि आसमान को रोशन करते हैं। प्रत्येक छंद के साथ, आप सह-निर्माता बन जाते हैं, अर्थ की चित्रयवनिका में अपनी स्वयं की व्याख्याएँ बुनते हैं। क्योंकि यह आपके मन की शांत जगहों में है कि ये कविताएँ वास्तव में जीवंत हो जाती हैं, आपके अपने अनुभवों और सपनों के साथ प्रतिध्वनि पाती हैं। साझा भावनाओं के निर्माता, मैं आपके लिए यह विनम्र संग्रह प्रस्तुत करता हूँ। ये शब्द आपके जुनून को प्रज्वलित करें, आपकी आत्माओं को शांत करें, और लिखित और अव्यक्त के बीच आजीवन बातचीत को प्रेरित करें।

हार्दिक आभार के साथ,

[पार्थिव बोरा]

क्रम-सूची

क्रम-सूची

• vi •

प्रस्तावना

कविता मेरी जीवन-यात्रा में हमेशा सहचर रही है - खुशी, दुःख और चिंतन के क्षणों को बुनने वाला एक नाजुक धागा। इस संग्रह में, मैं आपको मेरे साथ शामिल होने के लिए आमंत्रित करता हूं, क्योंकि हम कविता के चश्मे से जीवन के असंख्य चरणों का पता लगाते हैं।

मेरे साथ इस काव्यात्मक यात्रा पर निकलने के लिए धन्यवाद।

इस कविता को अपने दिल की बात कहने दीजिए।

आमुख

ये किताब में ऐसा कुछ खास नहीं पर तुम्हें कुछ चीज़े बतानी है। जिंदगी का एक पहलू तुम्हें समझाना है। वो अनकहे से राज तुम्हें बताते हैं। माना 10 कविता में कुछ नया नहीं पर ऐसा नहीं कि आगे कुछ खास नहीं। पलटोगे जब पन्ने को कुछ राज पता चलेंगे आगे हम कुछ बातों से तुम्हें रूहबरो करवाएंगे।

कविता तो लिखते सब है पर कुछ नहीं हो पाते सफल हमसे है।

वो कुछ में हम भी आते हैं आओ आपको खून से कविता पढ़ते हैं।

आओ आगे हम आपको सच बताते हैं।

1. बचपन

ना किसी चीज़ कि ख़्वाहिश,

ना किसी चीज़ का शौक था,

वो बचपन कितना कमाल का था।।

वो एलकेजी से बारहवीं तक का सफर,

या कहूं ए टू जेड तक का सफ़र।।

और जब छुट्टी हो,

तो चले नानी के घर,

एक अनोखी कहानी सुनने।।

जिसमे होता ना राजा रानी का ज़िक्र,

पर होती नानी कि कहानी सबसे अलग।।

आओ मैं ले चल तुम्हें बचपन में,

आखें बंद कर मेरी बात सुनो।।

वो तुमने जब अपनी माँ का,

आँचल पकड़ के चलना सिखा।।

जब तुम्हारी पहली आवाज सुन,

तुम पापा कि मुस्कान बने,

यार वो बचपन कमाल का था।।

अरें वो बचपन का खेल याद है,

राजा रानी चोर सिपाही याद है?

वो स्कूल से घर आकर अपना,

पसंदीदा कार्टून देखना याद है?

वो सिज़ुका सी कोई दोस्त ढूंढ़ना,

या पावर रेंजर्स सा शक्तिशाली होना,

या डोरेमोन सा दोस्त ढूंढ़ना,

या ख्यालों में स्कूल बचाना,

वो सपना कितना कमाल था।।

और याद है तुम्हें, वो तुम्हारे दोस्तों का,

एक अलग ही झुण्ड था।।

सारे एक से बढ़कर एक,

कुछ कि बातें निराली तो,

कुछ लड़कीबाज थे।।

साथ उठना साथ बैठना उनके साथ था,

अरे मैं अपने दोस्तों की बात बताता हूं।।

आओ मैं तुम्हे अपने बचपन के,

सफर में ले जाता हूं।।

झुण्ड हमारा छह का सारे कलाकार थे,

बस उसमें से तीन ही खास थे,

मैं राजा तो वो दास थे।।

बात क्लास दस की,

तुम्हारे भाई को एक लड़की पसंद आ गई।।

मैंने अपने दोस्त को बोला तो,

उसने बात आगे बढ़ाई।।

फीर लड़की अपना आशिक ले आई,

फिर दोनो ने साथ मार खाई,

यहीं तो दोस्ती है।।

फिर एक हफ्ते बाद,

एक नई लड़की से प्यार हो गया।।

भाई मानो इस बार सच्चा प्यार हो गया,

पर वो भी किसी और को नसीब हो गया।।

इसके बाद दोस्तों का साथ छूट गया,

और घर कि ज़िम्मेदारियों से,

बचपन यही ख़तम हो गया।।

पार्थिव बोरा

***

2. युवाओं की समस्याएं

अगर कहूं की कोई चीज़ को ख़रीदना है,

तो आप कहेंगे कि उसके लिए पैसे होने चाहिए।।

पैसे नौकरी या कुछ काम करके कमाते हैं,

और फिर आप कहेंगे की नौकरी तो है नहीं ।।

तो पैसे कैसे कमाए ,चलो एक कविता सुनाता हूँ ,

आओ बारहवीं के बाद का जीवन दिखाता हूँ ।।

ख़तम किया बचपन को अब हम बड़े हुए,

पूरा किया स्कूल अब हम आगे क्या करें ।।

फिर ये सवाल मचलता दिल में,

तभी रिश्तेदार आ पंहुचे हैं ।।

कुछ अलग सा कुछ नया सा ज्ञान देने लगे है,

बच्चा उनका कुछ करता नहीं,

पर हमारी चिंता उन्हें होती,

लगता जैसे सगे हो अपने।।

मुँह में राम, बगल में छुरी,

कहते हमारे हास्य कवि।।

रिश्तेदार कहते जो उनका बच्चा करे वो सही,

तू जिसमें जा रहा उसमें नौकरी नहीं।।

अरे पूछो तो मुझसे कोई जाना कहां मैनें है,

जिंदगी मेरी फैसला लेते ये है।।

फिर कह देते तुम्हारी खुशी में हमारी खुशी,

अरे ख़ुशी रही नहीं है जब फ़ैसला तुम लेते हो ।।

पूछते नहीं मैं क्या चाहता हूँ,

ख़ुशी को छोड़ अपनी कामना नहीं चाहता हूँ ।।

दो रोटी मिले तो मैं खुश रहना जानता हूं,

और ख़्वाहिश को लेकर चलना चाहता हूँ ।।

पर ये समाज हँसेगा मुझपे मैं ये नहीं चाहता हूँ,

छोड़ के ख़्वाहिश को वो चला गया,

कुछ कमाने के लिए वो दुनिया की भीड़ में खो गया ।।

जब करी पढ़ाई पूरी, चला तलाश में नौकरी की,

ढूंढ ढूंढ के छाले पढ़े पर हमेंशा निराशा हाथ लगी।।

भूखा प्यासा वो सोता रहा,

नोकरी कि तलाश में वो भटकते रहा।।

पर ख़ुशी उसको एक चीज़ की,

रिश्तेदारों के बच्चे भी उस भीड़ का हिस्सा बने थे
।।

जब मिली ना नौकरी तब,

उसने अपने सपनो पर काम किया ।।

तलाश नौकरी की दिन में तो,

रात ख्वाहिशों को देता वो ।।

लोग कहते पागल उसको,

वो हालात से लड़ता रहता था।।

हा मिली नौकरी उसको पर,

फिर भी वो सपना साथ लेकर चलता रहा ।।

ये समाज से ये रिस्तेदारों से वो,

अपने सपनों के लिए लड़ता रहा ।।

जब मिली सफलता उसको तब ये लोग साथ देते हैं,

वर्ना गिराने के लिए अपने साथ रहें ।।

***

3. प्रेम

मैं त्रेता का नहीं,

पर ध्वनि आती त्रेता सी।

प्रेम करु में श्री राम सा,

तू माँ सिया के आदर्शों पर चल पाएगी।

मैं पवित्र बस चाहूँ एक स्त्री को,

बोल तू मेरे जैसी बन पाएगी।

चल ले चल तुझे द्वापर में,

तुझे माधव की लीला दिखाता हूँ,

तू गोपी बन उनकी धुन में रंग जाएगी।

प्रेम क्या होता है कोई राधे से पूछो,

जिसने अपने चरणों की धूल दे,

माधव की पीड़ा को नष्ट किया।

श्राप लगा तो क्या हुआ,

प्रेम अमर होता है उसने यह साबित कर दिया।

मैं यह कलयुग का नहीं,

राधे मुझे तेरे रंग मैं रंगना है।

ले चल मुझे द्वापर तू,

ये कलयुग में होती ना इज्जत प्यार की,

ये क्या जाने प्यार क्या चीज़।

राधा रानी तुमने जिस शब्द को अमर किया,

वो कलयुग में उपहास है,

ये प्रेम शब्द यहाँ मज़ाक है।

यहाँ कोई पवित्र नहीं,

मुझे द्वापर ले चल तू।

मैं तेरी भक्ति में रंगना चाहता हूँ,

माधव की मुरली की धुन में सुनना चाहता हूँ।

आदर्शों में चलता हूँ,

श्री राम को अपना गुरु मानता हूँ।

उनको देख बड़ा हुआ,

पर जब पता चला।

कलयुग में कोई राम नहीं,

मांस मदिरा का सेवन करते हैं,

उस मुख से लेते हरि का नाम।

माँ सिया को देखो कोई,

रावण देने को तैयार सोने की लंका,

बनाके रखूँगा रानी बोला सिया से था।

वो बोली प्रेम मेरा बिकाऊ नहीं,

तेरे सोने से ज़्यादा तेज़ है प्रभु का मुख।

कलयुग में स्वर्ण से आकर्षित हो जाती स्त्रियाँ,

ये क्या जाने प्रेम क्या चीज़।

धन दौलत से ये मोहित होती,

इनसे क्या ही रखूं उम्मीद।

मुझे ले चल तू राधे,

मैं तेरी भक्ति में रंगना चाहता हूँ।

आ वृंदावन तुझसे मिलना चाहता हूँ,

तुझे साथ ले जाना चाहता हूँ।

और आँसू रुकते नहीं मेरे में क्या करूँ,

तुझे देखने की लालसा ये मन के भीतर है।

जपता में राधे राधे ना जाना कब मिलोगी तुम,

माधव को बोलो तुम मिलना मैंने तुम्हें,

ये कलयुग को छोड़ द्वापर आना मैंने।

4. प्रेम और मृत्यु

मृत्यु निकट मेरे,

मैं काल को हरने आया हूँ,

तुझे सही गलत बताने आया हूँ ।।

इश्क प्रेम गाथा,

यहाँ कुछ नहीं,

मृत्यु तेरा अंत है ।।

कर्म कर तू,

फल की चिंता न कर,

अंत तेरा भी निकट है ।।

आँखों में आँशु न ले,

जीने का मकसद सीख तू,

काल तेरा भी निकट आएगा ।।

पाप पुण्य में क्या ठहरा है,

दुनिया को जीना सीख तू ।।

इश्क प्रेम गाथा यहाँ कुछ नहीं,

अरे जो तुझको छोड़ के गया,

वो वापस आएगा क्या ।।

हाँ मान लिया तेरे लिए वापस आएगा,

पर वो शुद्ध नहीं कहलाएगा।।

ना जाने कितनों को छुआ उसने,

तुने इतिहास नहीं जाना है,

प्रेम अनन्तकाल से नहीं मिल पाया है ।।

मृत्यु निकट मेरे,

मैं काल को हरने आया हूँ,

तुझे सही गलत बताने आया हूँ ।।

श्री कृष्ण सा ज्ञान नहीं,

पर ज्ञान देने आया हूँ,

तुझे संवारने तेरी जिंदगी में आया हूँ ।।

अगर बात सुन तू मेरी गौर से,

तुझे जीना सीखाने आया हूँ,

प्रेम ना कर ये ज्ञान देने आया हूं ।।

आँशु से ना पिघलता कोई,

कठोर बन्ना सीख तू,

मैं काल को हरने आया था ।।

तू बात सुन मेरी,

ये कलयुग है द्वापर नहीं,

धोखा है प्रेम नहीं ।।

मैं काल को हरने आया था,

तेरी बातों से अब मैं टूटा हूँ,

मैंने कहा था प्रेम मत कर तू ।।

हाथ काट लटक जाऊ,

वो छोड़ के गया मैं कहा जाओ ।।

ये न्याय कैसा तेरा,

वो तो जीरा वो खुश है ।।

बात सुन मैं काल बन आया हूं,

तुझे ज्ञान देने आया हूं,

जीने का मक़सद सीखाने आया हूं ।।

मैं द्वापर का तुझे प्रेम का अर्थ बतलाता हूँ,

जिसमे होता ना जिस्म का सौदा वो प्रेम,

कलयुग में जहाँ होता जिस्म का सौदा वो प्रेम है ।।

मैं काल बन तुझे ले जाने आया हूं,

तुझे समझाया मेंने था,

पर तू लटका क्यों ।।

इश्क़ मैं धोखा मिला तो,

मृत्यु को सहारा क्यों चुना ।।

परिवार तेरा फूट-फूट के रोता,

देख नज़ारा तू टूट क्यों गया ।।

आ चल मैं तुझे एक तौफा देता हूँ,

जा जीने का एक मौंका देता हूँ ।।

घुमा के जीवन की लीला को,

तुझे एक सुनहरा मौका देता हूँ ।।

मैं काल तुझे आशिर्वाद देता हूँ,

प्रेम न कर मैं तुझे ये ज्ञान देता हूँ ।।

5. मेरी दुनिया

ये फोन की दुनिया से दूर,

मेरी एक दुनिया है,

वाहा चलोगे क्या ।।

ये छल कपट वाली दुनिया से दूर,

मेरी वफ़ा वली दुनिया में चलोगे क्या ।।

जहां प्रेम की किमत नहीं होती,

जो प्रेम को खरीद नहीं सकता,

वो वाली दुनिया में चलोगे क्या ।।

माना ये बातें काल्पनिक है,

तो मेरी दुनिया भी तो काल्पनिक है ।।

ये बेवफ़ा दुनिया से दूर,

मैं अपनी वफ़ा वाली दुनिया में ठीक हूं ।।

जहां इश्क़ को खरीद,

जिस्म के सौदे होते,

वो दुनिया से दूर,

मेरे सपनों की दुनिया मैं चलोगे क्या ।।

मेरी सपनों वाली दुनिया में,

तुम्हें समझने वाले लाखों होंगे ।।

जिस्म से प्रेम नहीं,

ये बताने वाले हज़ारौं होंगे ।।

तुम चलोगे मेरे सपनों वाली दुनिया में,

तो ये माया मोह त्यागना होगा ।।

वो वफ़ाई वली दुनिया में,

बेवफाई छोड़ के आना होगा ।।

तो बताओ चलोगे क्या,

मेरी वफ़ा वली दुनिया में,

या कहूँ सपनों वाली दुनिया में ।।

6. एक पिंजरे का पंछी

एक पिंजरे का पंछी आज़ाद हुआ,

पर वो उड़ना भूल गया ।।

कोशिश की उसने छोटी उड़ान से,

पर वो कामयाब हो ना सका ।।

कोशिश जारी थी उसकी,

पर वो मना ना हार,

सोचके होगा ना एक बार क़ामयाब ।।

एक महीना हो गया,

अब पंछी उड़ना सीख गया ।।

तो कोशिश कर पूरी अपनी,

वो उड़ गया आसमान में,

बाज़ कर रहा उसका इंतज़ार था ।।

अब वो आसमान में,

कैसे बचेगा इस बार ।।

पर वो ज़ख्मी हो,

बाज़ से बचना सीख गया ।।

पर अब वो ढूंढता खाना,

मिला ना उसको कुछ ।।

सोचता वो कि पिंजरा सही था,

मैंने क्यू ही की ये उड़ान ।।

पर एक पिंजरे का पंछी,

देख उसको खुद उड़ना सीख रहा ।।

जाने अंजाने वो पंछी,

ये पिंजरे के पंछी को सीख दे रहा ।।

जो पंछी खाने के लिए भटक रहा,

उसको खाना मिल गया,

जीने का तरीका उसको मिल गया ।।

वो पिंजरे का पंछी एक इंसान है,

जो सपने देखता है बड़े ।।

पर पूरा करने के लिए वो,

लेता ना उड़ान है ।।

जिस दिन ली उड़ान उसने,

उसको कोई रोकेगा नहीं ।।

हा बाज़ मिलेगा रास्ते में उसको,

अगर वो लड़ा तो वो रोकेगा नहीं ।।

बाज़ और कोई नहीं,

ये समाज है ये तेरे बुरे ख्याल है ।।

जो तेरी उड़ान की रुकावत है,

वो तेरे साथ है ।।

इनको छोड़ तू उड़ान भर,

होगा कामयाब तू एक दिन ।।

ये उड़ान की कहानी,

तू सबको सुनाएगा ।।

ये पिंजरे का पंछी,

उड़ना केसे सिख गया,

ये सबको बताएगा ।।

***

7. दोस्त और जिंदगी

लोग कहते हैं कि दोस्त जिंदगी खराब करते हैं,

क्या वो सही है या वो बस झूठ बोल रहे हैं ।।

चलो एक बात बताता हूँ,

चलो एक नए सफर में लेकर जाता हूँ ।।

ज़िक्र करूँ उनका तो वो,

दुख में साथ और खुशियों में पीने वाले हैं ।।

भाई नहीं है तू मेरा कहे के बात बदलने वाले हैं,

वफ़ा करो इनसे तो धोखा नहीं देते बस ।।

मुश्किल में साथ रहते हैं,

अगर तारीफ़ करूँ तो कम है,

बस भाई मेरे साथ रहते हैं ।।

ये सुन के अच्छा लगा तो,

आगे सच बताता हूँ,

कलयुग से द्वापर फिर त्रेता ले जाता हूँ ।।

बात सुन मेरी मित्र वो नहीं जो गलत राह पे ले जाए,

मित्र वो जो तेरे गलत राह पे सही राह दिखाए ।।

ये कलयुग में कौन सही कौन गलत तू जानता है,

फिर भी रहता उनके साथ क्योंकि,

तू दोस्ती निभाना जानता है ।।

एक दोस्ती द्वापर की या एक दोस्ती सुधामा की,

जिस दोस्ती में था ना कोई स्वार्थ वो अमर कहलाई ।।

कौन अमीर कौन गरीब बस कृष्ण को लालसा है,

प्रेम की, वो वादों की, वो सम्मान की,

तभी तो दौड़ चले वो नगन पैर सुनके नाम सुदामा का,

मित्र जो बचपन का मिला था गुरुकुल में ।।

पर वो तुम्हें याद है सुधामा जब बचपन में,

तुमने मेरे हिस्से के चनें खा लिए थे,

और फिर क्या क्या बहाने दे रहे थे तुम ।।

आओ महल के भीतर करें तुम्हारी सेवा सुधामा,

जिन तीन पत्रानियों को देख रहे,

वो भाभी तुम्हारी सुधामा ।।

पांव आगे दो ज़रा मैंने धोना इनको है, पांव आगे
करें,

देख छाले पाव में माधव की आँखों से आंसू निकल
गए,

वो आंसू की बूंद पांव में जा गिरी,

फिर छाले ना जाने कहाँ गए ।।

भाभी ने क्या भेजा मेरे लिए बोलो ज़रा,

ये पोटली में क्या है बताओ ज़रा ।।

छिन लिया उस पोटली को और देखा चावल उसमें,

दे दिया उसने दो लोकों को ये दानवीर श्री कृष्ण
है ।।

ये कलयुग के प्राणी क्या जाने मित्रता क्या चीज़
है,

बिक जाते यहाँ दोस्ती के नाम से जिस्म है ।।

अरे कर्ण से पूछो कोई दुर्योधन को समझाया उसने,

पर कभी ना छोड़ा साथा उसका,

और लड़ता रहा आख़िरी सांस तक।।

मैं ये नहीं कहता कि दोस्ती ख़राब है बस,

मैं ये कहता हूँ कि सही और ग़लत की पहचान
होनी चाहिए ।।

क्योंकि एक मित्रता ही तुम्हें बहुत सी चीज़ें
सिखाती है,

और वो ही सब आगे ज़िंदगी में काम आती है।।

और मैं यह कहूंगा कि एक मित्रता हो कृष्ण और
सुधामा सी,

या हो कर्ण और दुर्योधन सी ।।

और जब बात हो सम्मान की तब,

दोस्ती हो कृष्ण और द्रौपदी सी ।।

दोस्ती का सफर अभी थमा नहीं,

ये द्वापर अभी गया नहीं ।।

बस बाकी अभी जान्ना तुम्हें

कृष्ण और द्रौपदी को ।।

जिसको देंगे नया स्वरूप,

नया पन्ना नया रूप ।।

***

कृष्णा और माधव

ब्याह के लाए थे मुझे,

या दाव पर लगाने लाए थे ।।

प्रेम था मुझे अर्जुन से,

बांट दिया मुझे माता ने ।।

सोचा मैंने कि शूरवीरों की पत्नी हूँ,

ये कायर ये लाचारी है।।

लगा दिया इन्होने मुझे जुए में,

क्या यही इनकी महानता है ।।

पूछती ये लाचारी कि,

सभा है शूरवीरों कि या कायरों की ।।

सिर झुका के खड़े हैं सब,

भीष्म पितामह कुछ बोलो,

आप तो नीति प्रिये थे ।।

हे धर्म वीर हे शूरवीर,

तुम तो धर्म अधर्म के रखवाले हो,

क्या यही धर्म कहता है ।।

दुशासन केश पकड़ मुझे लाया है,

कुलवधू का सम्मान मैंने ऐसा पाया है ।।

कहा गई गांडीव ,कहा गया गदा आज,

धर्म पर अधर्म की जीत हो रही,

कोई कुछ कह नहीं रहा आज ।।

बस यही सुन दुर्योधन बोला,

दुशासन निर्वस्त्र कर पांचाली को,

बैठा मेरी जंघा में तू ।।

गुहार लगाई कृष्णा ने भरी सभा में,

कोई न आगे आ सका,

गांडीव भी छिप गई,

गदा भी आ न स्की काम ।।

गंगा पुत्र शीश झुका,

द्रोणा मौन खड़े हुए ।।

कोई न कुलवधू को बचा सका,

तब याद किया उसने माधव को ।।

दुशासन खीच रहा था सारी को,

दूजा छोर ना मिल पाया उसको।।

माधव की लीला निराली है,

धरती अंबर आकाश देख,

चारो और साड़ी है ।।

एक टुकड़ा बांधा था साड़ी का,

कृष्णा ने माधव को,

उस रंग की साड़ी चारो और समाई है ।।

दुशासन थक गया,

ढूंढ ढूंढ के छोर अंत,

पर मिल ना पाया उसको कुछ ।।

देख रहे सब माधव कि लीला,

जो सखी की इज्जत बचाने आए है ।।

वो मित्र क्या जो मुसीबत में काम नहीं आया है,

द्रौपदी ने कृष्णा नाम ऐसे नहीं पाया है ।।

एक चावल के दाने से माधव ने सब भिक्षुओं की
भूख मिटाई है,

दुखी हो सखी जब, तब माधव ने साथ निभाया
है।।

ये कलयुग में ना कृष्ण सी मित्रता ना सम्मान
है,

जिसको देखो छलिया बनकर आया है ।।

तुझे खुद ढूंढ़ना मित्र श्री कृष्ण सा,

जो लाज राखे मित्रता की,

वर्ना बिक जाती यहाँ तो जुबान है,

ये कलयुग कितना बेमान है ।।

***

8. एक शादी ऐसी भी

प्रेम किया था मैंने उस्से, लगा था मुझको सही वो,

लिखती हूँ मैं ये क्या प्रेम सही नहीं मेरे लिए ।।

मिलके हमें साल हुए लगा मुझको सही वो,

चिंता रहती उसको, क्या शायद यही है वो ।।

मांगती अब खुदा से देदो मुझे खुशियाँ,

इसको बनाकर भेजो मेरा, देखो में कुछ माँग रही ।।

खुदा क्या माँगना मेरा वो गलत था,

जो उसने मुझे दिखाया वो सब गलत था।।

वादा किया था शादी का नहीं लेगा दहेज वो,

पापा मेरी उस्से शादी करादो मेरी खुशी है वो ।।

बात जब थी खुशी की तब बाप आगे आ गया,

शादी का रिश्ता लेकर वो लड़के के घर चला गया ।।

बेटी को पता नहीं वहा बात हुई क्या,

बस उसको दिखाया वो जो देखना चाहती थी,

मुँह में मुस्कान लिए वो घर में घूम रही थी ।।

बाप की आँखों में आंसू देख लड़की बोली,

पापा ये आंसू कैसे, कुछ बात हुई,

पापा बोले तू जा रही बस इस बात कि चिंता खा रही ।।

वो बाप सच क्यों बोले कि दहेज की माँग हो रही,

जब पूछा बेटे ने तो बाप ने सच बता दिया,

भाई ने बहन की खुशियों के आगे दहेज रख दिया ।।

शादी करके वो ससुराल गई एक महीना सही रहा,

दूसरे महीने परेशानी हुई ना जाने ये कहाँ से आ गई ।।

अब मारता वो लड़का उसको तो वो क्या करे,

मर्ज़ी उसकी घरवाले तो बस साथ चले ।।

ये दूसरा चेहरा तो कभी देखा नहीं,

कुछ हुआ क्या तुम्हें तो बोलो ज़रा ।।

मेरी परेशानी तू है...

...मतलब...मतलब क्या है तुम्हारा,

ये शादी तो दोनो की मर्जी से हुई ना ।।

मैंने तो दहेज के लिए कि थी बस,

और मेरा मन भर गया तुमसे,

मुझे कोई और पसंद है और,

तुम्हें जहाँ जाना हो चले जाना ।।

ये सुन लड़की टूट गई,

आँखें लाल रोते रोते सूज गई ।।

अब हिम्मत बची नहीं आगे क्या करें कुछ पता
नहीं,

रोते रोते फोन किया, फोन उठाया पापा ने ।।

हेलो.. हेलो.. बेटा ..

बेटा क्या हुआ कुछ बोलो,

पापा को पूरी बात बोली जीना नहीं ये बोली ।।

लड़की को लाए उसके घर ताने देने आया समाज,

छोड़ के आई मायके क्या यही है इसके संस्कार ।।

ढ़ाल बनकर खड़ा परिवार,

मिल गए समाज को उनके जवाब ।।

बेटी तो टूटी थी उसको कैसे जोड़े,

ये सवाल रोज मचलता रहता था ।।

जब भेजा उस लड़के को जेल तो,

लड़की के चेहरे में मुस्कान आई,

ये देख परिवार में फिर जान आई ।।

९. आखिरी पल

ये पल आखरी है अब मैंने भी,

बस मिट्टी में मिल जाना है ।।

वो बचपन से अभी तक क्या क्या नहीं देखा मैंने,

वो दोस्तों का दूर जाना अपने प्यार को किसी और
के साथ देखना ।।

कवि: अरे तुम कहा जा रही हो भाग्यवान पहले
पूरी बात तो सुन लो ।।

कवि की पत्नी: क्या सुनू में अपने प्यार को किसी
और के साथ देख रे हो तुम ।।

मैं नहीं हूँ तुम्हारा प्यार अब मत बोलो तुम मुझसे
।।

कवि: अरे कुछ पल और बचे हैं मेरे और वो में
इनको अपनी जिंदगी के बारे में बता रहा हूँ जी ।।

कवि की पत्नी: ऐसे नी बोलते अच्छा तुम्हारे से मैं बाद में लड़ूंगी,

पहले इनको बताओ जो बता रहे थे तुम ।।

कवि: चलो वापस से एक और बार......

ये पल आखरी है अब मैंने भी,

बस मिट्टी में मिल जाना है ।।

वेसे बचपन से अभी तक क्या क्या नहीं देखा मैंने,

वो दोस्तों का दूर जाना अपने प्यार को किसी और
के साथ देखना ।।

वो ख़्वाहिशों के लिए लड़ना वो सपनों को पूरा
करना,

किसी के कहे में न आना खुद की ज़िंदगी खुद
जीना ।।

मैं पंछी वो पिंजरे का नहीं जो उड़ना भूल गया,

मैं पंछी जो पिंजरे से भागना सीख गया ।।

वैसे में भी स्कूल, कॉलेज गया था,

पर दोस्त नशे में और मैं उनसे दूर था ।।

वो कॉल करे तो जाना होता था,

वो दारू सुट्टा पिए तो मैं दूर होता था ।।

जिंदगी में लड़की भी आई पर वो भी नशे में,

जिस दिन देखूं सोबर तो कर लेता पूजा उसकी ।।

फिर दोस्त गए लड़की गई तो आ गई ज़िम्मेदारी,

बस अब तलाश तो नौकरी की और लिखने का मुझे
शौक था ।।

तो साथ साथ कविता भी लिखते रहता था,

अरे जो मेरी पत्नी है ना ये भी कविता से पटी है ।।

और नौकरी मिली तो घर में खुशियाँ आईं,

खुशियों के साथ साथ ये मुझसे मिलने आई ।।

और उस वक्त दिल का हाल ऐसा हुआ कि,

जैसा बांजरे के खेत में भैंस गुस जाती है ना बस ।।

फिर इज़हार हुआ और फिर शादी हुई,

हां हमारे रिश्ते को रोकने आए थे लोग पर,

समझना सही रहता है भागने से,

और रिश्तों में दरार नहीं आती समझाने से ।।

ऐसा नहीं कि हमारी जिंदगी में परेशानी नहीं थी,

उतार भी आए चढ़ाव भी आए बस हमने साथ दिया ।।

और इसके दुखों को मैंने अपना बनाया और इसने मेरे,

और खुशियाँ तो आधी आधी बाँट लेते थे हम ।।

फिर आए हमारे बच्चे और फिर वो ही कहानी,

जो अक्सर हर घर की कहानी होती है ।।

पर मैंने उनको पंछी पिंजरे का नहीं बनाया,

और उनको उनकी उड़ान भरने दी ।।

अब वो खुशी से कमाते हैं,

और घरवाले तो बस खुशी चाहते हैं ।।

इसके बाद एक एक करके,

अपने सब करीबियों को जाते देखा ,

किसी को स्वर्ग तो किसी को नरक जाते देखा ।।

फरमाइश मेरी भी है कि मुझे आखरी पल,

शांति चाहिए ये शोर शराबे से दूर गांव चाहिए ।।

और एक कड़वा सच है कि,

आखिरी पल बस तेरे कर्म साथ चलेंगे ।।

और ये रोने वाले भी तेरी आरती में,

आपने आसू की बूंद नहीं गिरने देंगे ।।

10. मैं, मृत्यु और लोग

जो लोग मुझे लेजा रहे हैं, वो रोएंगे भी क्या,

मैंने देखूं तो मुझे लगता है कि कोई नहीं रोएगा ॥

आओ चलो देखते हैं कि अब,

मेरी पत्नी को कौन संभालेगा ।।

सामने एक बांस की लकड़ी रखी हुई,

बांध रहे हो रस्सी से मुझे ।।

अरे मुझे मत बांधो ना मेरी पत्नी रो रही,

उसे कोई चुप कराओ ना ।।

देख रहे हो उसे तुम,

क्या ये कोई तमाशा चल रहा ।।

अरे यहाँ तो कुछ ज्ञानी आए हैं,

पंडित को मंत्र बताने आए हैं।।

फूंक रहे हो मंत्रो को,

जैसे ज्ञानी शास्त्र के ।।

कुछ कहने आए गलत हूं मैं,

और कुछ तो कह रहे हैं,

ये तो भला बेचारा था ।।

तरह तरह के विचार विमर्श हो रहे,

कोई चुप नहीं करता उसको ये क्या हो रहा है ।।

पूजा पूरी हुई और अब अर्थी उठी,

तो सब रोने लगे जैसे चल रहा हो तमाशा ।।

मैं भगवान से बस एक चीज बोल रहा,

चुप करा दो मेरी पत्नी जो कोने में रो रही ।।

देखता नहीं कोई उसको क्यू,

मेरा जो तमाशा चल रहा ।।

भगवान की लीला कुछ और थी,

मुझे दुख हुआ उसने रोते रोते जान दे दी ।।

उसे चुप करा देते तुम, ख़्वाहिश मेरी यही थी,

और ख़्वाहिश को कोई देखता नहीं ।।

चलो आई तुम मेरे पास,

चिंता तुम्हारी खत्म हुई। ।

अब दोनो मिलके देख रहे ये तमाशा लोगों का,

कोई लगता लकड़ी चंदन कि कोई देता आग है ।।

अभी देखना बहुत कुछ बाकी है,

नज़र दोनो की परिवार पर टिके हुए ।।

कुछ दिन हुए नहीं कि मांग हुई बटवारे की,

वो एक भाई दूसरे भाई का दुश्मन बना,

घर में हुई महाभारत क्या यही संस्कार दिए ।।

ना जाने ये लड़ाई कब रुकेगी,

ये समझोते की बात कब होगी ।।

जो कान भर रहा इनके वो तो सगा है आपना,

क्या अच्छा होना ये कलयुग में खराब है।।

देखकर एक दूसरे को हुए हैं खून के प्यासे ये,

माँ बाप ने तुम्हारे क्या किया,

ये रिश्तेदार बोलने आए है ।।

• 95 •

अब बच्चे भी भूल गए देकर गाली हमें,

रखे औरों से उम्मीद क्या,

जब आपने ही धोखा दे जाते है ।।

ये कुछ चीज़ें बस तुम्हारे लिए।

ये कुछ बातें बस तुम्हारे लिए।

ये कुछ वक्त बस तुम्हारे लिए।

लिखा है मैंने तुम्हें अपने ख्वाबों में,

वो ख्वाब भी बस तुम्हारे लिए।।

उमर छोटी तुम्हारी

उमर छोटी तुम्हारी,

देखा क्या क्या तुमने,

मैं नहीं जानता हूं।

बस कुछ पल मिले हुए हैं,

लगा बातों से तुम्हारी,

कितनी दफा टूटे हो तुम।

बातें करते मरने की,

ऐसा क्या देखा तुमने,

अभी देखना बाकी है।

कहीं खुशियां तो कहीं गम मिलेंगे,

अपने भी देते धोखा,

सगा कोई नहीं तेरा।

मैंने देखी सारी चीज़ें,

मैं सब जानता हूं।

आंसू लेकर चलती तू,

लगता है आशकी में टूटी तू।

ये सफर नया तेरे लिए क्या?

तू हस्ती हुई अच्छी लगती,

लगता हसना भूल गयी तू।

ये दौर है ऐसा जहां

इश्क़ में बिकते जिस्म हैं।

तू इतने में टूट गई,

मैंने क्या क्या देखा,

तू नहीं जानती है।

बिकते देखा उसके जिस्म को,

आशिको की महफ़िल में।

टूटा था मैं भी पर,

हंसना सीख गया हू,

तू भी हंसना सीख जा।

कोई नहीं देखता ये गमों को तुम्हारे,

वो हस्ते तुम्हारी हालत पर।

तुम हंसना सीख जाओ,

ये गमों को भुलाके,

नये सफर पर निकल जाओ।।

मेरी खुशी

मेरी ख़ुशी तो,

मेरे चाँद को देखने में है ।।

या कहूं उससे कुछ पल,

बात करने में है ।।

और कभी साड़ी में तो,

कभी सूट में तसवीरें भेजते वो अपनी ।।

तसवीर भेजो अपनी,

ये तो एक बहाना है,

चांद का तो बस दीदार करना है ।।

दिखने में भोली वो,

और बोलने में कयामत है वो ।।

बस एक चीज की परेशानी है,

की वो चाँद है और चाँद मुझसे कोसों दूर है।।

तेरे लए क्या हूं मैं

मुझे पता नहीं मैं क्या हूं तेरे लिए,

बस मुझे लगता है की,

कभी तेरी मैं ख्वाहिश बन जाता हूं,

तो कभी जरूरत।

या बन जाता हूं वफ़ा तेरे लिए,

और कभी महज़ खिलौना बन रह जाता हूँ।

बस तेरी एक मुस्कान देखने के लिए,

मैं क्या क्या कर जाता हूँ।

कभी ये फूलों को तुम्हारी ख़ूबसूरती की,

महक याद करवाता हूं।

तो कभी वो चाँद को,

आपने ये चाँद की तस्वीर दिखाता हूं।।

मुझे पता नहीं मैं क्या हूं तेरे लिए,

बस मुझे लगता है की,

कभी तेरी मैं ख्वाहिश बन जाता हूं,

तो कभी जरूरत।

या बन जाता हूं वफ़ा तेरे लिए,

और कभी महज़ खिलौना बन रह जाता हूँ।

बस तेरी एक मुस्कान देखने के लिए,

मैं क्या क्या कर जाता हूँ।

कभी ये फूलों को तुम्हारी ख़ूबसूरती की,

महक याद करवाता हूं।

तो कभी वो चाँद को,

आपने ये चाँद की तस्वीर दिखाता हूं।।

सुनो

अगर इज़हार करूं,

और तुम मना कर दो,

तो एक छोटा सा काम करना ।।

कुछ राज़ अपने मुझे बताते जाना,

तसवीर हमारी देते जाना ।।

जिंदगी जिसके साथ जियो,

उसका नाम भी बताते जाना,

जाते जाते एक गुलाब (?) भी देते जाना ।।

जिस्को निशानी बतायें तुम्हारी,

वेसा तोफा भी देते जाना ।।

रूठ गए हो

ये चाँद अपनी चमक खो सा रहा है,

मानो कि कोई अपना रूठ सा गया है ।।

वो तुम तो नहीं जो रूठे हो मुझसे,

देखों ये सितारों को ये अब टूटने लगे है ।।

मानों जैसे ये दिल हो तुम्हारा,

पर एक बार देखो तो तुम सबको,

सब कुछ ना कुछ कहना चाहते हैं तुमसे ।।

वो चाँद को देखो वो कह रहा है कि,

तुम मेरे जैसे चमकती हो,

तो क्यों उदास बैठी हो ।।

मैं अंधेरे में रोशनी देता हूं,

और उस रोशनी का ज़रिया हो तुम ।।

अब एक बार सितारों को देखों

वो बोल रहे हैं कि,

हम तुम्हारी चमक से चमकते हैं,

और तुम ही चमकना बंद हो गए हो ।।

चलो अब मान भी जाओ,

ये चाँद सितारों को अब ना तुम तरसाओ ।।

जो तुम्हे देखने के लिए तरसते हैं,

उनको और ना तुम तरसाओ ।।

तेरी ख़ूबसूरती फ़िकी सी

तेरी ख़ूबसूरती फ़िकी सी है,

मेरे ये चाँद के सामने ।।

तेरी वफ़ाई से ज्यादा,

वफ़ा भी है इसमें ।।

महज़ एक कमी है इसमें,

जो उसकी ख़ूबसूरती के सामने छिप सी जाती है ।।

और जब जुल्फें हटाती ये,

तो आईना टूट जाता है।।

ये कहते कहते कि,

मुझसे ज़्यादा ख़ूबसूरत

खुदा ने इसे बनाया है ।।

उसने पूछा

उसने पूछा की तुम मेरी मोहब्बत पर,

यकीन करते हो या मुझ पर शक करते हो।

तो मैंने बोला की,

गैरों की महफिल में दिखते नहीं,

तो इश्क है।

गैरों की बाहों को छोड़,

अपनो की बाहों में लिपटे,

तो इश्क़ है।

अगर ख़फ़ा हुए तो,

गैरों के पास जाते नहीं,

तो इश्क़ है।

और इश्क़ में शक़ नहीं वफ़ा होती है,

अगर तुम दिखते गैरों की महफ़िल में,

तो तुम्हें बेवफाई मिलती है।

बस तू

तुझे पाने कि चाहत से पहले,

हमें उस मुकाम तक पहुंचना है ।।

जहां तक तेरी ख्वाहिश हो,

वो ख्वाहिश को तेरे दरमियान रखना है ।।

ख़त

ख़ून से लिखे ख़त को भी हम फाड़ रहे,
कुछ लोग लड़की के कपड़े फाड़ रहे।

आवाज उठाता कोई नहीं, लगता है जैसा,
इनकी मां बहन की बात नहीं।

बनके बैठा मौन समाज, गलत होते देख रहा,
बात इनकी इज्जत की तो लड़की को समझाते ये,
लड़का है जीने दो आजाद पंछी जाने दो।

ख़ुशियाँ बेटी की तुम दबा रहे,
पूरे कपड़े पहन ये लोग बता रहे।

लड़का है देखेगा तुम संभल के जाओ वो छेड़ेगा।।

ये सोच सोच की बात है,
ये सोच सोच की बात है,
हर मर्द जात ख़राब है।

ऐसा नहीं हर मर्द एक है,
कोई करता इज्जत तो कोई नोच लेता है,
तुम कैसे कह सकते हो हर मर्द एक सा होता है।

कभी पूछा अपने भाई या बाप से,
वो भी तो मर्द कहलाते है।

इज्जत करना सिखाते घर से लोग,
उठाओ सवाल की मर्द ऐसे होते हैं।

बात वो नहीं जो लिखी ख़ून से,
वो नौंची गई लड़की पूछती,
मुझे मिलना इन्साफ या नहीं।

ये भरा भ्रष्टाचार इनके ख़ून में है,
मिटा दिए सबूत जैसे थाली चाटी इन्होने है।

एक की गलती तो बदनाम पूरी मर्द जात है,
ये खाते रुपये अमीरों से, फिर कह देते,
तुम्हारी गलती तुमने भेजा ऐसे है।

सवाल मेरा ये इनको मिलनी सजा या नहीं,
भ्रष्टाचार भरा खून में, ये खून खौलता नहीं।

जिसने बनाया तुम्हें उसकी तुम सुनते नहीं,
और वादे करते बड़े बड़े,
फिर हर पांच साल में मुंह उठा वापस आ चले।

आवाज़

कहीं निकल रही चीख तो,
कहीं मांग हो रही इन्साफ की।।

कोई आसु की सिस्की ले रही,
तो किसी को लोग नोच रहे।।

अपने जिस्म की भूख के लिए,
लोग लड़की का रेप कर रहे।।

मामला संगीन पर पैसा बोलता है,
वो लड़की है खा जाओ ये समाज सोचता है।।

अपनी बहन और बेटियों की रक्षा करो,
दूसरे की इज्जत तुम लूट लेते हो।।

किसी को तुम गंदे मैसेज करते हो,
किसी को दे रहे धमकी जान की।।

वो लड़की है चुप रहेगी ये सोचते लोग,
ये सोच को बदलना जरूरी है,
ये लोगों को बदलना ज़रूरी है।।

बदला अगर सोच को तो,
कानून भी बदलना होगा।।

दुष्करम करने वाले को फांसी नहीं,
तड़प-तड़प के मरना होगा।।

अमीर, गरीब नहीं सबको एक मानना होगा,
जो करे गलत तो न्याय सही रखना होगा।।

वो पैसे से नहीं खरीद सकते तुम,
तुम्हें जेल जाना होगा,
न्याय तो तुम्हें करना होगा ।।